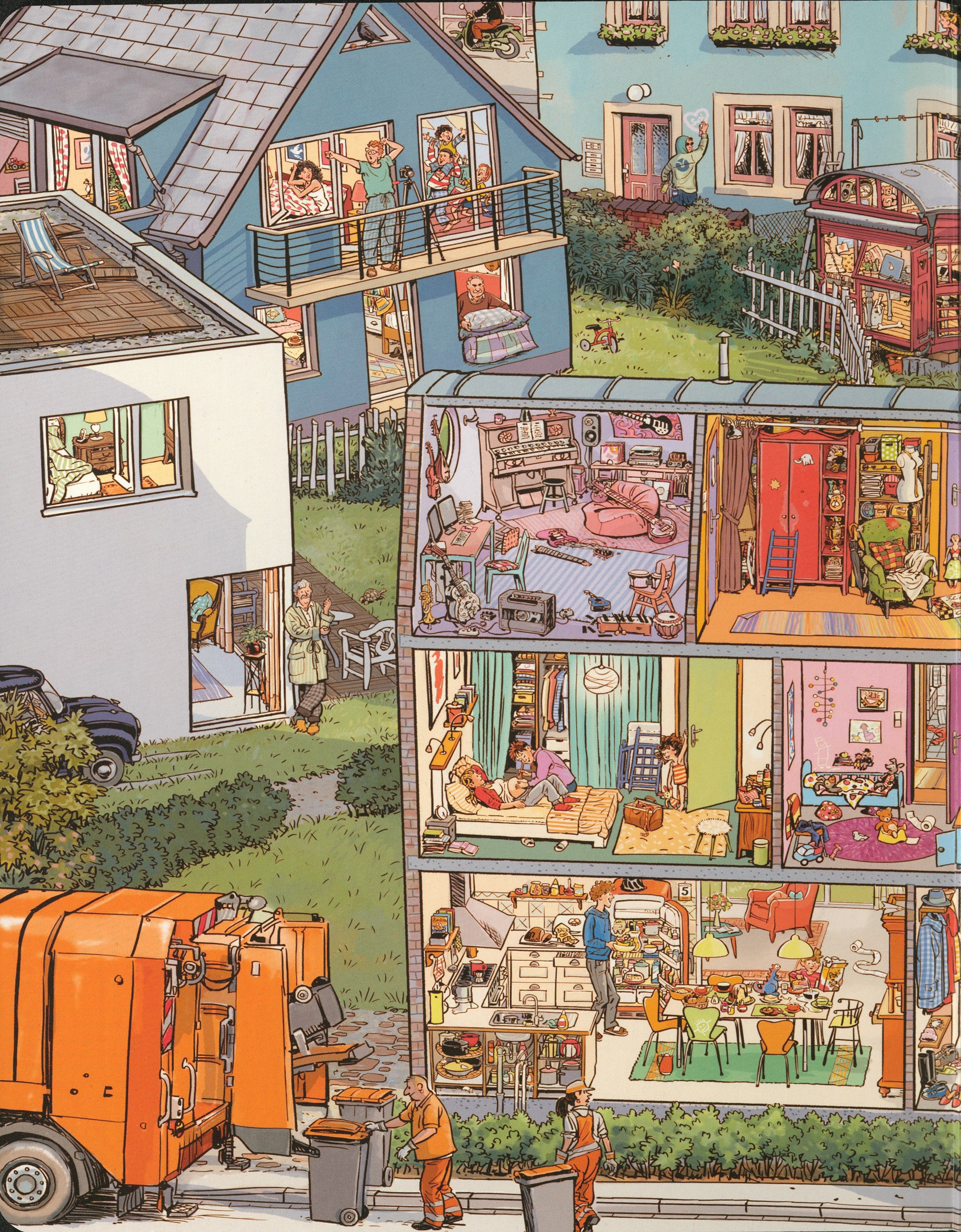
5

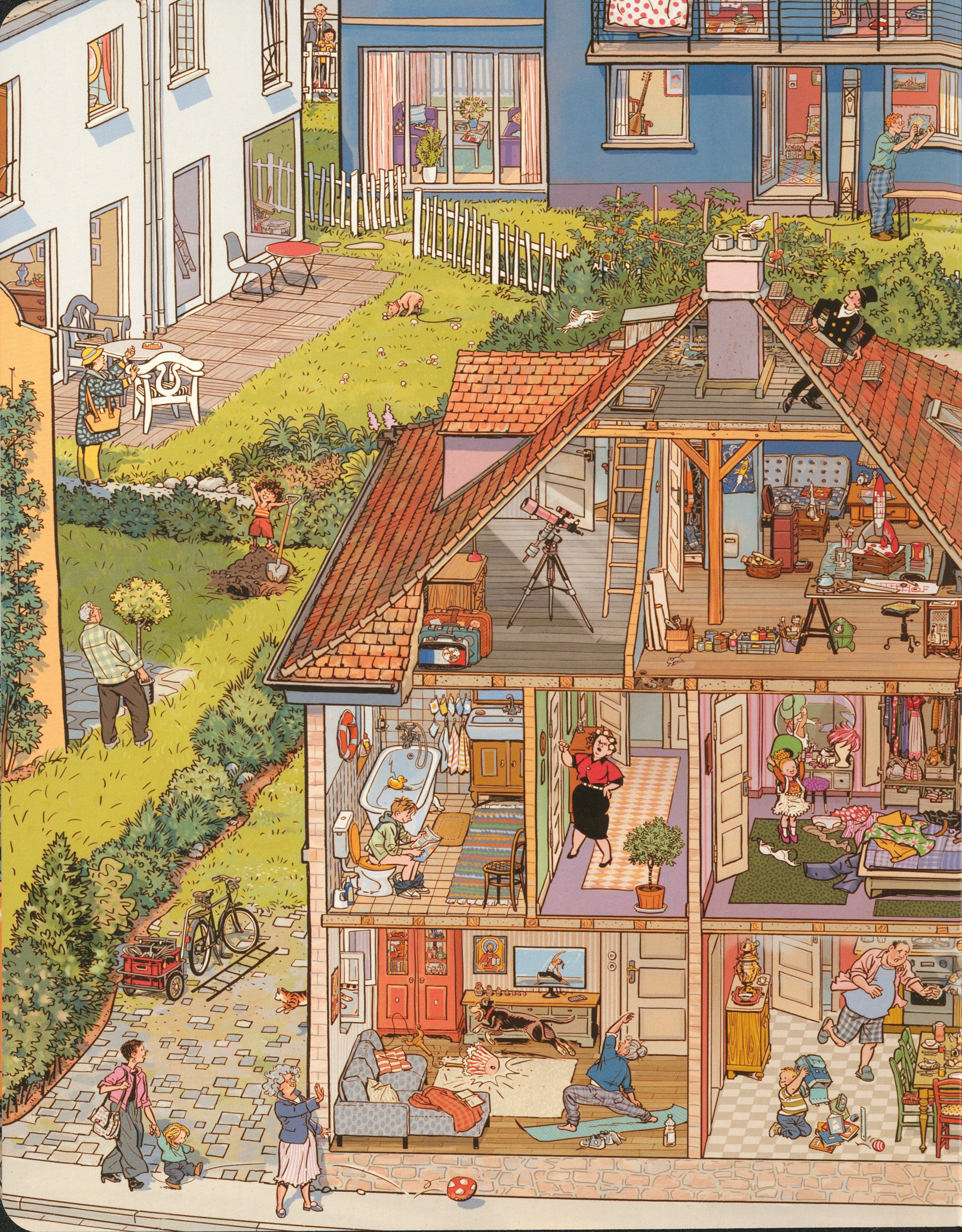

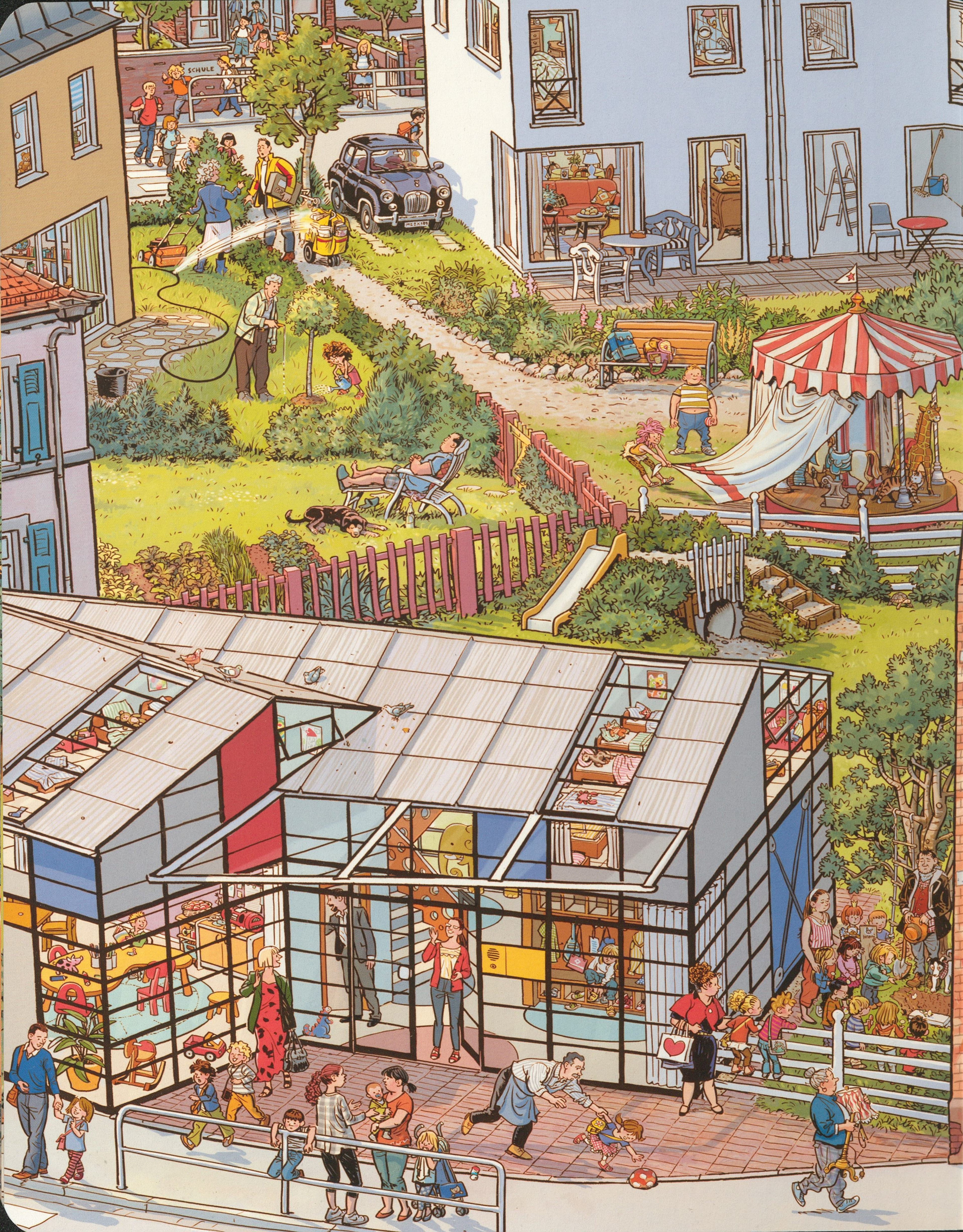
SCHULE

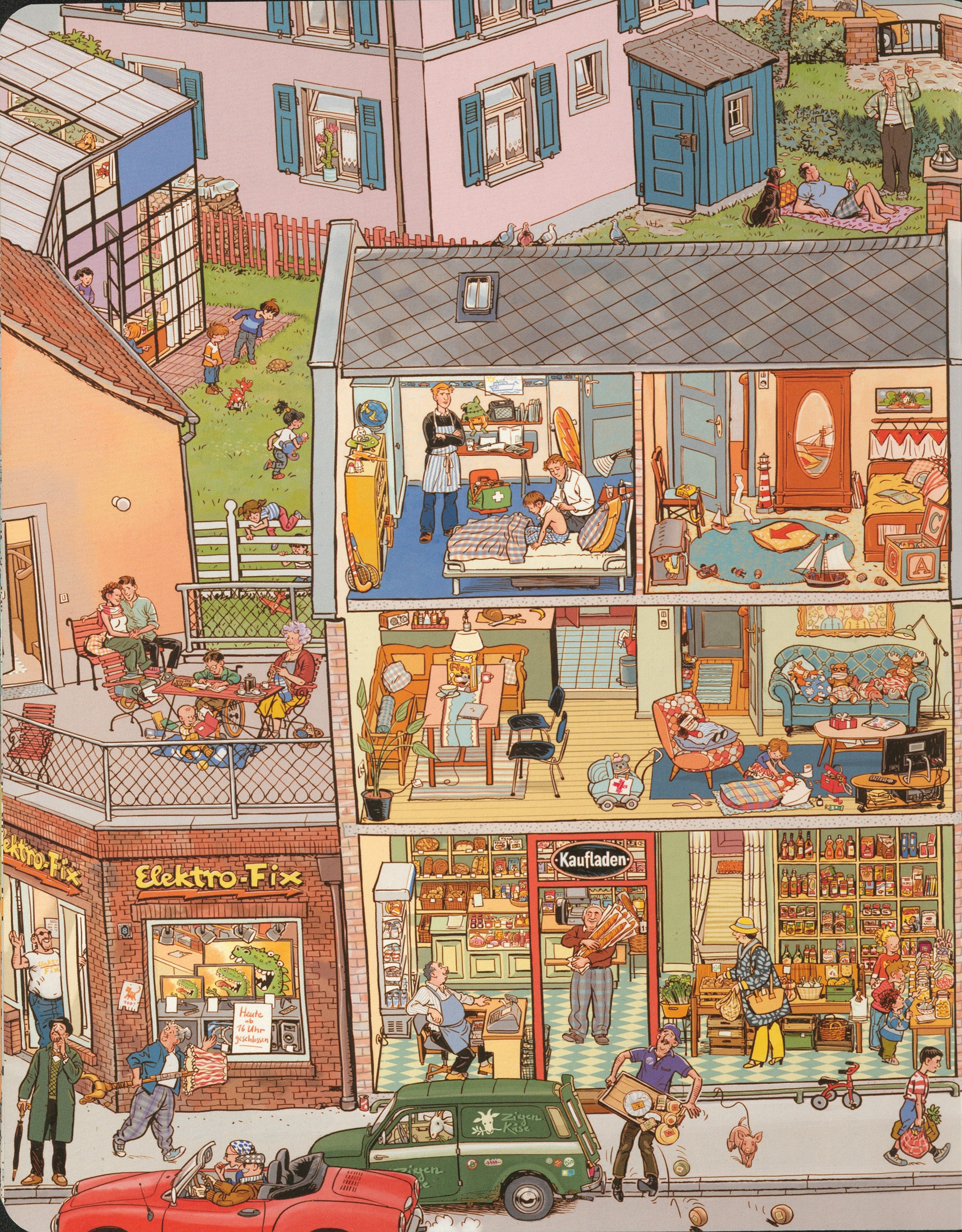
Kaufladen
Elektro-Fix
Heute ab 16 Uhr geschlossen
Ziegen Käse

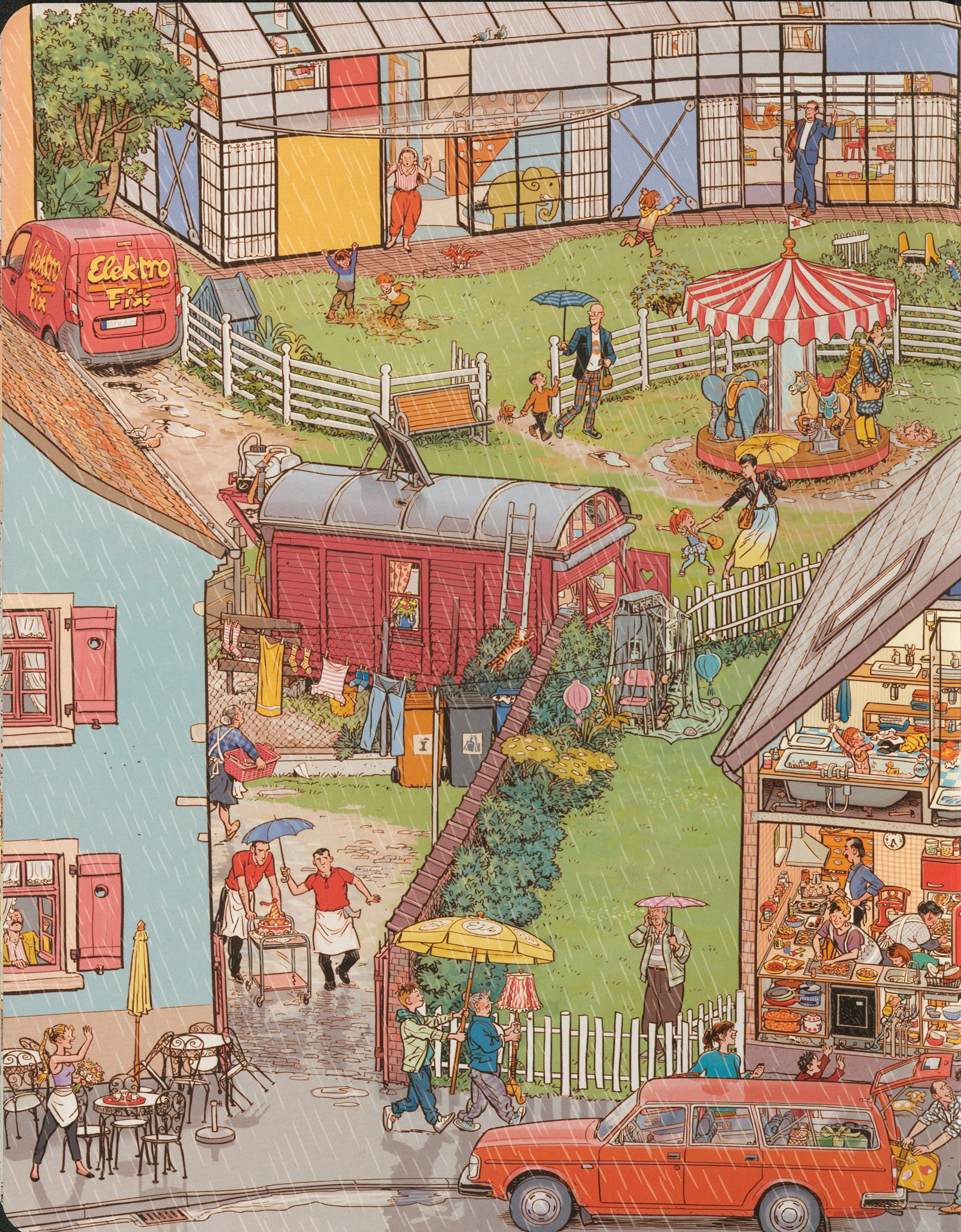
Elektro Fix
Elektro Fix
Eis

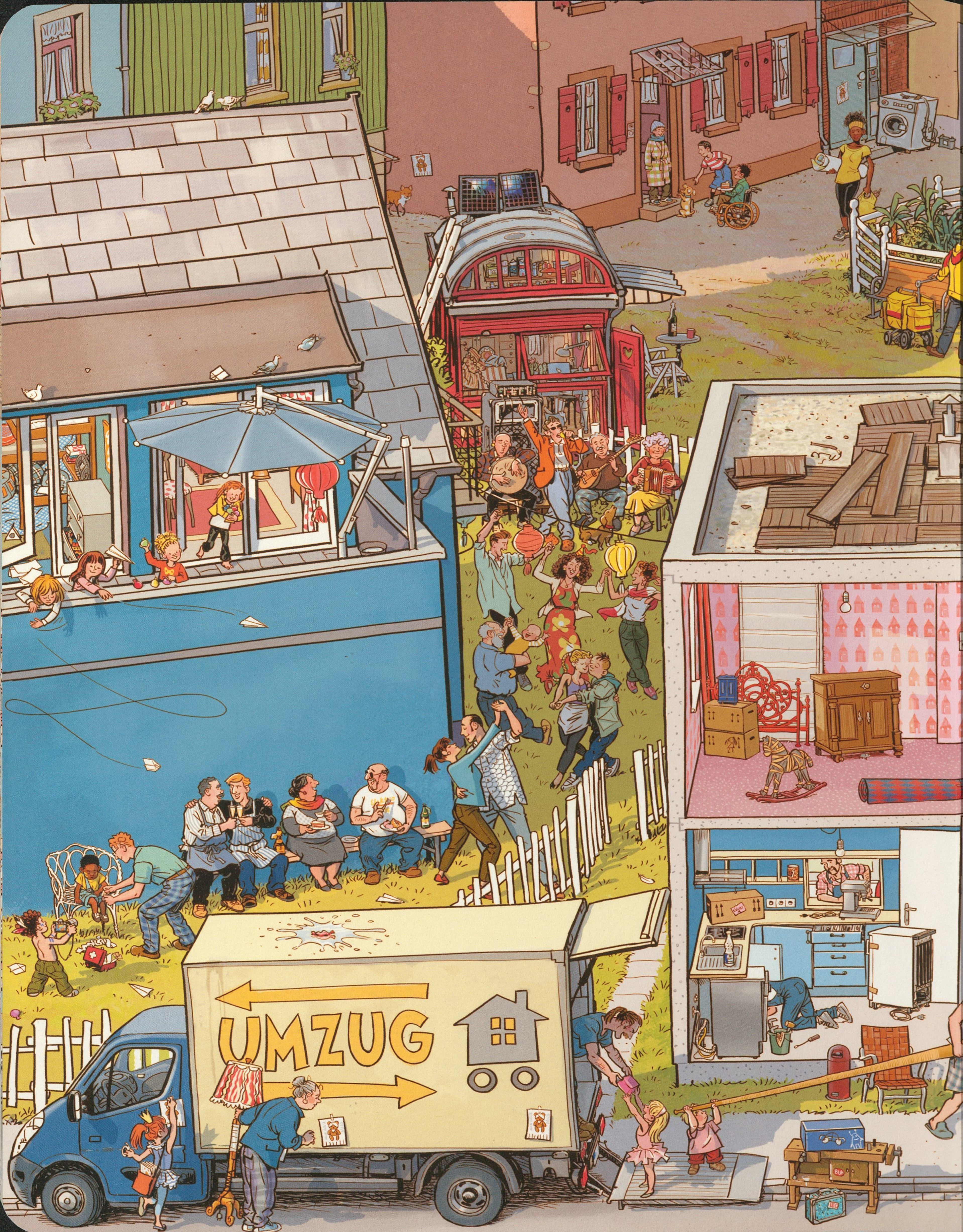
UMZUG

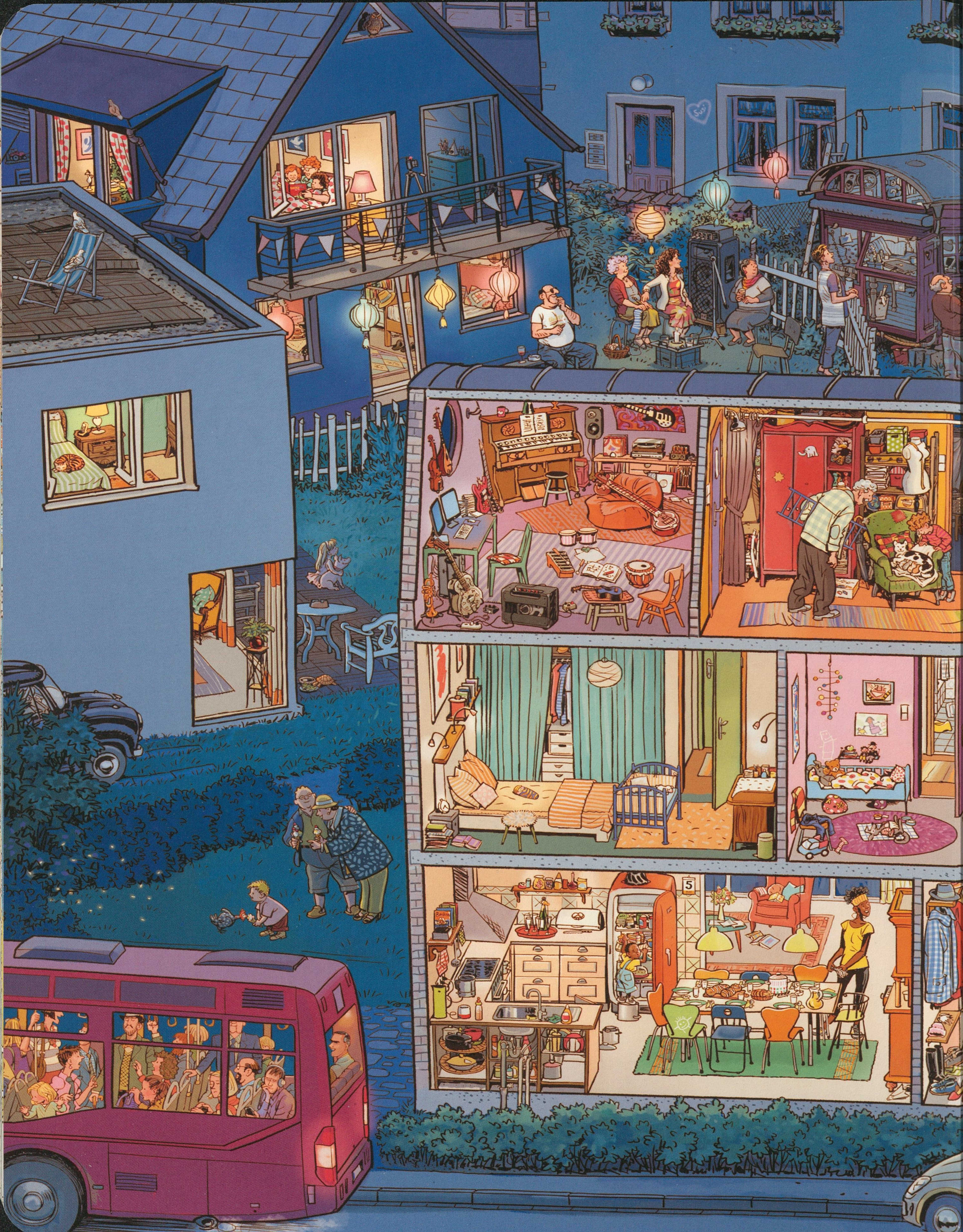
5

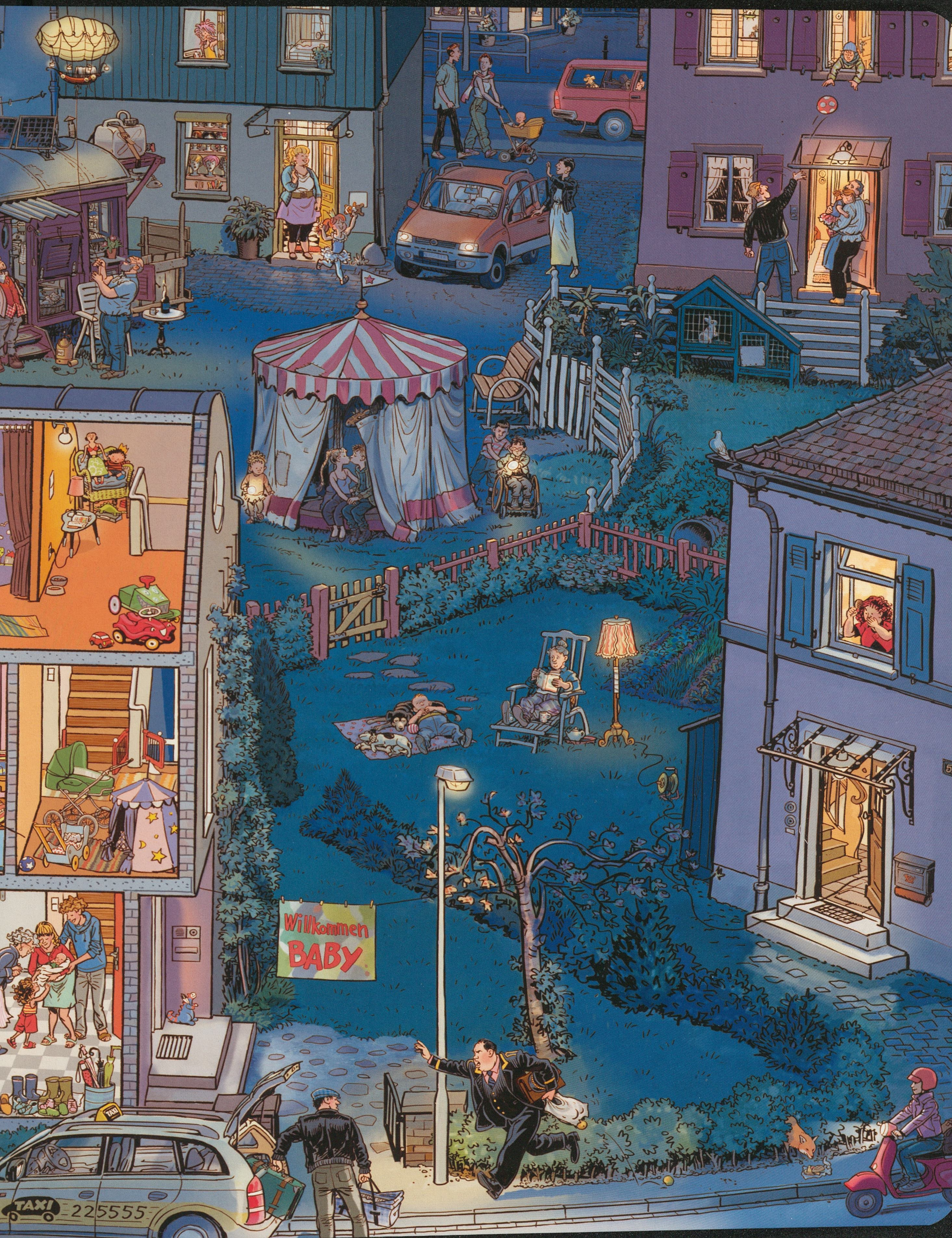
Willkommen
BABY
TAXI
TAXI 225555